Le langage corporel

Comment interpréter le langage corporel d'autres personnes afin de pouvoir tout de suite les analyser et les comprendre

de Richard Burnet

ISBN:1717459137
ISBN-13:9781717459138

TABLE DES MATIERES

CHAPITRE 1
INTRODUCTION

"Lire en quelqu'un comme dans un livre ouvert". Parfois cela ne serait pas si mal. De temps à autre, on a l'impression que les gens disent quelque chose mais qu'ils en pensent une autre. C'est en général seulement une sensation, car on n'a pas de preuves sur lesquelles se baser.

Vous connaissez cependant déjà cela. Votre collègue connaît le contenu de sa présentation par cœur mais il n'est pas très convaincant. La même chose se passe avec vous et vos collègues. Vous ne leur laissez pas la meilleure des impressions. Pourtant, vous aviez fait tout ce qui était nécessaire afin de cacher votre nervosité ainsi que vos incertitudes lors de votre exposé. Malgré tout, ils ont réussi, d'une manière ou d'une autre, à déceler cela. Cela est dû au langage corporel.

Avec les animaux, on ne peut quasiment pas utiliser l'expression verbale. Les animaux ne peuvent ni mentir, ni jouer la comédie. Ils s'expriment en général d'une manière très claire et précise. Tout le monde sait qu'on ne devrait pas s'approcher trop près d'un chat qui a les oreilles dressées et qui adopte une posture "en boule" afin de paraître plus grand et fort. On peut aussi facilement deviner les intentions d'un chien. S'il remue la queue lorsqu'il vous voit, c'est qu'il vous aime probablement bien. Tout est clair et explicite avec eux.

Il semblerait donc qu'on arrive à lire le langage corporel des animaux sans problème. Est-il possible qu'en se basant sur le langage corporel d'autres personnes, on soit capable de comprendre exactement leurs intentions et communiquer sans avoir besoin de parler ? Absolument. Et même plus: Le langage du corps nous aide à mieux comprendre les autres personnes, voir même à deviner des choses qui autrement ne seraient jamais dites. Pour cela, vous devez être prêt à faire plus attention au langage corporel.

Cet ouvrage devrait vous permettre de connaître toutes les ficelles du langage corporel. Ce livre vous enseignera comment apprendre à déchiffrer les individus vous entourant, et à vous comporter correctement durant vos interactions. Certes, on ne peut pas lire les pensées de quelqu'un (à part peut-être 1 ou 2 mentalistes qui s'entrainent à cela depuis des années). Cependant, vous pouvez interpréter beaucoup de choses que votre interlocuteur pense, simplement grâce à sa posture, ses mimiques ou sa gestuelle. Cela se reconnaît facilement.

L'apprentissage ainsi que l'identification du langage corporel nécessite de l'entrainement. C'est pour cette raison que vous trouverez plus lois dans ce livre, quelques exercices pratiques. Ces derniers vous aideront à comprendre ainsi qu'à analyser les gens.

Afin de tirer un maximum de cet ouvrage et de votre potentiel, vous devez vraiment mettre en pratique ces exercices.

CHAPITRE 2
QU'EST-CE QU'EST EXACTEMENT LE LANGAGE CORPOREL ?

Le langage corporel est un moyen de communication non verbale. Concrètement, il a plus de poids dans une conversation que ce que l'on dit vraiment. Consciemment ou inconsciemment, la personne qui écoute celle qui cause tirera plus de 50% des informations sur l'orateur dans le langage corporel. Pour les pourcentages restants, on considère que l'intonation de la voix compte pour 30%. Les quelques pourcentages restants comptent pour ce que l'on dit. Cela place donc nos paroles à la dernière place.

Le langage du corps est bien plus important et bien plus présent que ce que les gens supposent. Il n'est donc pas surprenant qu'un appel téléphonique peut laisser une tout autre impression que si la même conversation prenait place face à face. En ce qui concerne la communication écrite, qui joue au jour d'aujourd'hui un rôle extrêmement important (SMS, E-Mails, Chats), on perd toutes les informations supplémentaires que l'on obtient grâce au langage corporel. Si l'on paraît très sympathique à l'écrit, il est cependant possible que l'on paraisse inintéressant lors d'une vraie rencontre, même si l'on dit presque la même chose qu'à l'écrit.

On peut supposer que notre langage corporel est plus honnête que nos paroles. Pourquoi ? On peut arranger les mots à notre manière, afin qu'ils passent mieux dans une conversation. Notre corps joue le rôle du traitre. En effet, il peut donner une impression totalement différente que ce que la communication verbale transmet. Vous pouvez observer cela par vous-même. Le corps ne se tait pas lorsque vous ne parlez pas.

Une des questions qui revient le plus souvent lorsque l'on apprend à comprendre et analyser le langage du corps est la suivante: Est-il moralement acceptable d'analyser les personnes grâce au langage corporel et utiliser cela à son avantage?

Je pense que, tant que l'on n'a pas de mauvaises intentions, comme par exemple manipuler les gens, ou d'autres actions similaires, le fait d'essayer de "lire" les gens n'a rien d'abominable. Analyser et reconnaître le langage personnel de quelqu'un ne veut rien dire d'autre que de comprendre les aspects fondamentaux de celle-ci. On ne veut pas percer des secrets, on cherche juste à comprendre ce qui est apparent.

Les gens qui maitrisent l'art du langage corporel ne font pas cela seulement afin d'en tirer un avantage personnel. Si vous êtes capable de comprendre les gens, vous pouvez donc mieux vous occuper d'eux et voir comment ces personnes agissent et réagissent en conséquence. Vous pourriez donc être une grande aide de cette façon.

En général, tout le monde est capable de "parler" et de comprendre le langage corporel. Il vous faut juste avoir de l'intérêt pour ce thème ainsi que prendre le temps d'apprendre les bases.

CHAPITRE 3
QU'UTILISE-T-ON POUR LE LANGAGE CORPOREL ?

Le langage corporel se composent des mimiques et de notre gestuelle, de notre posture, notre ton ainsi que de notre prononciation

Le fait que les mimiques sont liées au visage, cela est clair. Mais à part le visage, quelles sont les autres parties du corps que l'on associe au langage corporel ? Quelles autres parties utilisons-nous, de manière consciente ou inconsciente afin de laisser une impression ? La réponse est très simple. Toutes les parties du corps !

Jetons un œil sur les parties du corps que l'on voit généralement en premier et le plus souvent.

Les yeux

„Les yeux sont le miroir de l'âme. " dit-on généralement, ce qui n'est pas si faux. Il n'y a pas seulement la direction du ringard ainsi que la durée du contact visuel qui est importante. Une partie très intéressante à observer sont les pupilles. Si les pupilles sont grandes et rondes, cela signifie que la personne est intéressée. Malheureusement on fait aussi les grands yeux lorsque l'on est dans une situation de peur ou de choc. C'est un très bon exemple pour vous montrer qu'un trait peut avoir un double sens totalement différent. Des pupilles contractées signifient généralement que l'on est dans une période de forte réflexion ou que l'on fait face à une situation désagréable.

Les sourcils

Le grand classique pour tout ce qui est en rapport avec les mimiques. Les sourcils expriment quasiment toutes les expressions du visage et montrent notre ressenti d'une manière extrêmement rapide. Lorsque l'on est surpris ou que l'on a peur, nos sourcils se dressent. Cela paraît aussi logique que, lorsque l'on ressent des sentiments négatifs, ils se froncent. Mais pouvez-vous distinguer la différence entre la colère ou quelqu'un qui réfléchit de manière intensive ? Ne vous basez pas que sur les sourcils, ils ne montrent que les choses basiques. L'intérêt et le scepticisme ont aussi deux traits très similaires, une sorte de froncement de sourcils et la toute petite différence entre les deux peut vous tromper.

La bouche est une des parties du corps qui expriment les impressions les plus fortes et d'une manière très claire. Elle est très importante et très utile pour tout ce qui est du domaine de l'observation. On peut obtenir de nombreuses informations, juste en regardant la bouche de la personne avec qui l'on parle.

Une bouche serrée et très fixe indique concentration et tension. Si quelqu'un a le coin des lèvres qui tirent vers le bas, on peut affirmer qu'elle n'est pas dans un bon jour. À contrario, une personne qui aura la bouche entrouverte et un visage détendu montrera des signes qui varient entre intérêt, curiosité et bonheur. Lorsque nous sommes étonnés ou surpris, notre mâchoire tire vers le bas. Des lèvres qui sont froncées nous donnent une indication qui signifie souvent dégout, colère et mécontentement.

Une personne qui est nerveuse et pas concentrée se mordra souvent la lèvre inférieure ou l'intérieur de la bouche. Il se pourrait aussi qu'elle ferme sa bouche et joue avec sa langue à l'intérieur.

La position de la tête

Hocher la tête pour signifier son approbation ou son désaccord sont des signaux très connus. Mais parfois la tête ne fait pas ce que la bouche dit. Dans ce cas-là, il vaut mieux se fier à la tête qu'aux paroles. Notre langage corporel donne très souvent de manière inconsciente des informations et ces dernières sont presque toujours les plus sincères que l'on donne.

Celui qui dit oui mais qui secoue la tête des deux côtés ne sera pas totalement convaincu, malgré le fait que cette personne ait communiqué son approbation. Lorsque votre vis-à-vis penche la tête en votre direction, cela est un signal qui signifie que cette personne est intéressée par vous ou par ce que vous dites et qu'elle vous fait confiance. On explique cela par le fait que lorsque quelqu'un se penche vers vous, son cou et sa nuque ne sont pas "protégés".

Bien que de nos jours on ne soit pas souvent attaqué par des vampires ou des assaillants, on a toujours l'instinct de vouloir protéger nos cous qui sont sensibles. Vous pouvez donc prendre le fait que quelqu'un penche la tête en votre direction de manière positive.

Les bras

Les bras sont un excellent moyen de déterminer le bien-être de quelqu'un. Si une personne est timide ou désire garder ses distances, elle gardera les bras le long du corps ou les nouera. Il ne faut par contre pas confondre quelqu'un qui aura les bras le long du corps mais d'une manière décontractée. Cela ne doit pas être interprété comme un refus ou de la timidité.

En outre, celui qui aura les pouces dans les poches ou proche de la ceinture se sent relaxé et quelqu'un qui met souvent ses bras derrière la tête et gonfle ses bras veut paraitre plus fort.

Les mains

Le meilleur moyen de "présenter" ses mains est de les avoir détendus et que l'autre personne puisse les voir. Lorsqu'une personne cache ses mains, cela veut dire qu'elle aimerait cacher plus de choses. Que ce soit dans les poches ou sous la table, le fait de cacher ses mains est un signe que la personne fait preuve de retenue. Les personnes nerveuses ou distraites ont tendance à jouer avec tout ce qui les entourent et les mains ont en quelque sorte leur propre vie. Si vous vous touchez souvent le cou ou que vous vous caressez les lèvres, cela signifie très souvent que vous cachez quelque chose. Ce comportement montre aussi que vous aimeriez pouvoir retirer ce que vous venez juste de dire.

Ce sont les parties de notre corps qui crèvent les yeux lors que l'on observe le langage corporel de quelqu'un. Il suffit de les observer pour que ces parties du corps parlent d'elles même.

Mais le corps entier compte pour le langage corporel, les parties les moins frappantes ont aussi leur mot à dire.

Les épaules

"Se tenir bien droit et garder les épaules droites" est une phrase que vous avez probablement souvent entendu quand vous étiez petit. Pour la position, ce n'est définitivement pas faux. Mais derrière la position des épaules se cachent bien plus de choses que simplement la santé de votre dos. Un dos courbé donne une image négative. On peut notamment citer la nervosité, des douleurs, la peur ou encore la tristesse. Il y a des raisons pour expliquer le fait que les hommes avec de larges épaules sont associés aux super-héros ou reflètent une image attractive. Chez les femmes, l'utilisation de l'épaulette a dépassé le simple cadre de la mode. Cela leur donne un air plus fort, sérieux et dominant, qui leur est presque indispensable dans le monde des affaires par exemple.

On remarquera vite si quelqu'un se force à garder les épaules bien droites. Cela donne l'image d'une personne rigide et pas sûre d'elle-même et aura un impact tout autre que celui recherché. Avoir les épaules bien droites transmet par contre une impression de force, confiance en soi et de dominance.

Il y a un geste que l'on voit souvent que l'on comprend facilement, il n'y a même pas besoin de parler quand quelqu'un hausse les épaules. Cela signifie que la personne ne sait pas ou qu'elle n'a pas d'avis.

La cage thoracique

"Bomber le torse" est une expression. Celui qui va tout le temps gonfler le torse va passer pour sûr pour quelqu'un d'arrogant. Si on a seulement le torse bien droit, cela va dégager une meilleure impression. Cela montre une respiration active et fluide et aussi que la personne est relaxée, se sent bien et est en confiance.

Si la cage thoracique est toute plate, la respiration est moins régulière et cela donne une impression de nervosité, de doute et de tension.

Les jambes

Afin de comprendre toute la variété qu'offre le langage corporel, il faut aussi s'intéresser à ce qu'il se passe sur la partie inférieure du corps. Les jambes nous donnent beaucoup plus d'informations que ce que l'on pourrait s'imaginer. Des jambes croisées signifient que l'on est dans une bonne position. Si la personne qui vous fait face est dans cette position, cela veut normalement dire qu'elle se sent bien. La direction des jambes joue aussi un rôle important. Si votre vis-à-vis a sa jambe croisée en votre direction, cela montre qu'il a confiance en vous. Si la jambe va complètement à l'opposé de votre direction, cela veut dire que cette personne veut maintenir une certaine distance ou veut tout simplement se détourner de vous.

Les pieds

Encore plus bas, on peut trouver passablement d'informations. En effet, les pieds nous permettent d'apprendre beaucoup de choses sur une personne. Si la pointe des pieds se dirigent vers l'intérieur, cela montre que la personne est nerveuse ou gênée. Le fait de balancer ses pieds montre que la personne n'est pas dans une situation confortable ou alors qu'elle n'est pas patiente. Gardez donc toujours vos pieds tranquilles.

La liste que l'on vient de dresser va vous aider à analyser les différentes parties du corps. Vous connaissiez probablement déjà certaines de ces astuces mais probablement pas toutes.

La plus grosse faute que l'on fait lors de l'analyse du langage corporel est que l'on s'attache trop à quelques détails. Au début de cet ouvrage, on expliquait qu'environ 30% d'une impression était laissée par l'intonation de voix. Ce que vous devez éviter en tant que débutant, c'est de vous concentrer uniquement sur l'aspect extérieur de la personne. Il faut absolument éviter cela. Il va falloir s'entrainer à analyser et écouter les personnes en même temps.

Il y a plusieurs éléments importants dans l'intonation de la voix. Le volume, la prononciation ainsi que la vitesse. Il faut prêter attention aux mots. Comment sortent-ils de la bouche ? De manière fluide ? Ou est-ce que la personne bégaye et tergiverse ? Ou parle-t-elle de manière claire et pleine de confiance en soi ? Celui qui parle vite, fort et de manière convaincue est soi très enthousiaste ou essaie de masquer ses propres insécurités.

La voix se laisse analyser plus facilement et la plupart des tons n'ont pas de significations particulières. L'astuce est d'inclure la voix dans l'observation du langage corporel. Vous ne devez absolument pas l'oublier lors de l'analyse de quelqu'un.

Exercice numéro 1

Cet exercice est nécessaire afin de pouvoir reconnaitre toutes les nuances du langage corporel et de les différencier. En voici un petit exemple: Imaginez-vous la personne de votre choix. Cette personne a les jambes assez écartées et a les bras fermement croisés. Cependant elle a aussi une expression du visage détendue. Comment interpréteriez-vous le langage corporel de cette personne. Un individu qui a les bras croisés dégage généralement un sentiment négatif, pas vrai ? On pourrait aussi penser que cette personne est réticente vu la position de ces bras. Attention ! Lorsque l'on analyse le langage corporel de quelqu'un, il faut regarder l'entier du corps et pas seulement se concentrer sur les détails. Rappelez-vous de la personne que vous avez imaginée. Elle avait dans l'exemple décrit un visage détendu, un regard zen et une bouche desserrée. N'est-il pas possible que cette personne se tiennent les bras à cet instant car elle trouve cela confortable ? Oui c'est probablement ça. Dans ce cas-là, ce n'est donc pas une posture de défense consciente mais plutôt un style de décontraction et cela ne doit pas être noté de manière négative.

Ne tirez pas de conclusions trop hâtives des gestes et des positions qui sont évidentes. Cela peut vous induire en erreur. Le fait de savoir que signifie ce mouvement là ou cette position ne fait de pas vous un maître de l'analyse. C'est un langage rempli de subtilités.

Exercice numéro 2

Plus haut, vous avez appris les différents signaux du langage corporel et à quoi associer ceux-ci pour certaines positions ainsi que certaines attitudes. Il vous a aussi été décrit que vous devez faire une lecture du corps entier et que vous ne devez pas seulement vous fier à 1-2 détails qui pourraient vous induire à faire une conclusion trop rapide et erronée.

Lors de votre prochain dialogue avec vos semblables, essayez de faire à votre propre communication non verbale. Quelle est la position de vos épaules ? De vos jambes et de vos bras ? Mettez-vous à la place de votre vis-à-vis et analysez votre comportement. Répondez aux questions suivantes de manière écrite après votre conversation afin de pouvoir vous souvenir de vos actions. Rappelez-vous d'une situation précise de ce dialogue.

Quelle était la position / posture de vos parties du corps

Remémorez-vous votre conversation. Premièrement, c'est suffisant de se concentrer et d'écrire seulement quelques parties du corps et comment elles se sont comportées. Plus bas, vous trouverez une aide afin de remplir la liste suivante.

- Les yeux:
- Les sourcils:
- La bouche:
- La position de la tête:
- Les bras:
- Les mains:
- Les épaules:
- La cage thoracique:
- Les jambes:
- Les pieds:

Exemple: Vous vous rappelez que lorsque de la discussion, vous n'aviez pas vos jambes sous contrôle et vous les avez balancées. Vous pouvez donc écrire sous le point "les jambes" que vous les balanciez.

Comment votre vis-à-vis a interprété votre position et votre posture ?

Essayez d'écrire cela assez rapidement. Si vous ne vous rappelez pas de comment analyser les gestes, retournez au début du chapitre et relisez à nouveau. Vous trouverez les informations qu'il vous faut afin d'interpréter tout cela. Plus bas, vous trouverez une aide afin de remplir la liste suivante.

- Les yeux:
- Les sourcils:
- La bouche:
- La position de la tête:
- Les bras:
- Les mains:
- Les épaules:
- La cage thoracique:
- Les jambes:
- Les pieds:

Exemple: à la question numéro 1, vous vous êtes souvenu de vos jambes que vous n'arrêtiez pas de balancer. La personne vous faisant face pourrait avoir pu prendre cela comme un signe de nervosité ou d'impatience. Écrivez donc sous le point "les jambes" nervosité et impatience.

Comment avez-vous perçu la posture et la position de vos parties du corps ? Comment l'interpréteriez-vous vous-même ?

Vous ne pouvez répondre à cela que par vous-même. Comment vous êtes-vous senti et avez-vous adopté ces positions de manière consciente ou inconsciente ? Plus bas, vous trouverez un exemple qui vous aidera encore une fois à remplir la liste suivante.

- Les yeux:
- Les sourcils:
- La bouche:
- La position de la tête:
- Les bras:
- Les mains:
- Les épaules:
- La cage thoracique:
- Les jambes:
- Les pieds:

Exemple: Pour la première question, vous vous êtes souvenu de vos jambes que vous n'arrêtiez pas de balancer. Pour la deuxième question, vous avez répondu que la personne pourrait avoir assimiler votre comportement à de la nervosité ou de l'impatience. Comment vous êtes-vous senti ? Étiez-vous impatient ou nerveux ? Deviez-vous aller aux toilettes ou vous avez fait ça sans vous en rendre compte. On va dire que vous avez fait cela de manière inconsciente (seulement pour le besoin de l'exemple). Écrivez donc "action de manière inconsciente" sous le point "les jambes"

Interprétez de votre point de vue et celui de votre vis-à-vis la globalité de votre langage corporel

Vous avez maintenant écrit vos résultats. Écrivez sur une autre feuille les résultats des questions 1 et 2 tout comme ceux des questions 1 et 3. Analysez maintenant l'entier du langage corporel du point de vue de votre vis-à-vis (les résultats de 1 et 2) tout comme votre propre jugement de votre langage corporel (1 et 3). Pensez à ne pas seulement vous concentrez sur des détails mais sur l'ensemble du corps. A quoi ressemblerait vos résultats ? Votre analyse et celle de votre vis-à-vis sont-elles vraiment similaires ou n'avez-vous pas perçu la même chose.

Si vous connaissez bien l'autre personne, vous pouvez lui demander de répondre aux questions 1 et 2. Demandez lui aussi d'analyser votre langage corporel. Comparez ensuite vos résultats. Croyez-moi, il est très intéressant de comparer les résultats et de voir à quoi arrive l'autre personne.

Cet exercice va vous aider à vous concentrer sur votre langage corporel et aussi à faire attention au langage du corps d'autres personnes. Plus vous vous entrainerez à analyser le langage corporel, plus vous allez pouvoir comprendre et lire d'autres personnes.

CHAPITRE 4
COMMENT PUIS-JE DIRECTEMENT ANALYSER D'AUTRES PERSONNES ?

Un des gros points afin d'apprendre à lire les gens, c'est l'observation, pas vrai ? Quand on entend tout cela, on a l'impression que quand on va analyser quelqu'un, cela va prendre beaucoup de temps, qu'on va essayer de comprendre tous ces faits et gestes. Mais je vous rassure, on ne doit pas faire cela. Un jour ou l'autre, vous allez réussir à lire les pensées, les émotions et les intentions des gens en quelques secondes. Comment faire cela ? En utilisant le langage corporel et tout ce qu'il contient.

Avec un peu d'entrainement, vous allez réussir à séparer quelques signaux de la masse globale. Vous pouvez déjà réussir à classer certains éléments du langage corporel d'une personne vous même si vous l'observez pendant quelques minutes

Afin que cela fonctionne "directement", il faut d'abord investir du temps afin de pouvoir analyser les gens de manière plus rapide et plus juste. Par analyse, il faut comprendre: les mimiques et la gestuelle, le positionnement du corps tout comme le ton de la voix. Tout cela nous permettra d'obtenir un résultat global.

Cela a l'air compliqué, mais ça ne l'est pas autant que ça. Je vais vous rassurer. Avec un peu d'expérience, vous allez arriver à savoir ce que vous pouvez attendre de votre vis-à-vis en une fraction de seconde. Pour cela, il vous faut quelques connaissances de base et une bonne capacité d'analyse. Tout cela vous sera transmis grâce à cet ouvrage et vous allez devenir un expert en la matière.

CHAPITRE 5
POURQUOI LE LANGAGE CORPOREL EST-IL SI IMPORTANT ?

Comme vous le savez, c'est toujours la première impression qui compte lorsque l'on rencontre de nouvelles personnes. Tout comme elle compte beaucoup lorsque vous commencez un nouveau travail.

Et cette impression commence bien avant que l'on ait dit quelque chose. Ce n'est pas non plus votre style qui va être jugé, ni vos habits, même si cela donne déjà quelques indications. Ce qui va nous permettre d'analyser quelqu'un, c'est son langage corporel. Quelqu'un avec une bonne coupe de cheveux et un costard sur mesure paraitra dominant. Mais cette impression peut vite s'en aller si cette personne n'a pas la bonne gestuelle et les mouvements qui vont avec

Le langage corporel au travail

Il vous est peut-être déjà arrivé de ne pas apprécier la compagnie de quelqu'un même si vous ne pouviez pas vraiment dire pourquoi. Cela peut aussi être le cas avec une personne travaillant dans les ressources humaines quand vous avez un entretien d'embauche. La communication non verbale joue un rôle très important lors d'un entretien pour un travail. Dans ces moments-là, le chef veut avoir une image précise de la personne qui veut rejoindre son entreprise. Ces entretiens d'embauches sont "dangereux" car la plupart des personnes qui passent ces entretiens sont stressées. Bien sûr, les employeurs potentiels s'attendent à ce que les demandeurs d'emploi soient nerveux et ils peuvent faire preuve d'un peu de compréhension. Mais devinez qui va avoir le job entre la personne qui gigote tout le long et qui est stressée

ou la personne qui a l'air confiante et avec une attitude positive ?
Les qualifications sont importantes mais si vous n'avez que cela, elles ne vous serviront pas à grand-chose dans cette situation. Vous pouvez avoir toute l'expérience du monde, une mauvaise posture, quelques gestes de manière inconsciente et vous ne faîtes déjà plus parti des candidats.

Toutes les places sont difficiles à obtenir et la bataille est souvent âprement disputée. Celui qui saura être convaincant avec sa communication non verbale gagnera à la fin.

Même si vous ne cherchez pas un nouveau travail, faire des présentations ou exprimer vos idées appartiennent à la vie de tous les jours au travail. Si vous présentez un dossier et que votre posture est extrêmement raide ou que vous frottez vos doigts tout le long, vous n'allez ni apparaître comme quelqu'un en confiance ni quelqu'un de convaincant. Même si le contenu est excellent, vous n'arriverez pas à atteindre votre objectif (par exemple convaincre vos collèges ou votre chef). Voici une liste des choses à éviter de faire si vous voulez donner une image sûre, calme et excellente de vous-même.

Se passer la main à travers les cheveux

Un signe classique de nervosité. Celui qui se touche souvent les cheveux lorsqu'il se trouve dans une situation inconnue ne s'en rend même plus compte. Mais par exemple, une personne qui travaille au RH remarquera tout de suite cela, car elle est entrainée à détecter ceci. C'est égal si vos cheveux sont magnifiques ou si votre coupe est parfaitement en place, le fait de toucher constamment vos cheveux ne sera pas perçu de manière positive. Cela vous fera paraître nerveux. Arrangez votre coupe de cheveux avant l'entretien et évitez de vous recoiffer durant les situations importantes.

S'asseoir sur les mains

Vous ne savez pas où mettre vos mains et ne savez pas quoi en faire donc vous vous asseyiez dessus. Il n'y a pas un meilleur moyen de montrer sa timidité et ses insécurités. En plus de cela, il est commun que lorsque l'on est dans cette position, nos épaules sont pliées vers l'avant. On a appris précédemment que cela était un signe qui montre que l'on n'a pas confiance en soi et que l'on est impuissant.

„Se vautrer"

On ne marque pas non plus des points lorsque l'on apparait trop détendu. Se vautrer dans le siège et avoir son dos très bas dans le siège va seulement vous faire passer pour quelqu'un d'arrogant et présomptueux. Même si vous êtes un cadre dans une entreprise ou que vous avez un poste à responsabilités, évitez absolument cela. Vous êtes au travail et pas sur vote canapé.

Être raide comme un soldat

À moins que vous soyez devant votre colonel à l'armée, vous devriez éviter d'être en position comme un soldat lors de l'appel. Celui qui ne bouge pas de temps à autre va passer pour quelqu'un de gêné et pas du tout à l'aise

Le langage corporel en privé

Celui qui veut entrer en contact avec quelqu'un, que ce soit pour flirter ou simplement afin de se faire de nouveaux amis, a plus de chances s'il sait que l'intérêt avec l'autre personne est réciproque. Comparé au langage corporel du travail, vous pouvez ici vous attendre à beaucoup plus de signes qui seront clairs.

On ne veut pas toujours montrer lors d'un possible flirt, que l'on est intéressé. Faire trainer la chose et être courtisé fait partie du jeu. Ce qui stupide est de se rendre compte à la fin que l'autre personne n'avait pas d'intérêt pour vous et que ce n'était pas une tactique de sa part. Etre capable de reconnaitre quelques signaux, par exemple si la personne a envie de vous connaître, vous épargnera pas mal de travail.

Spécialement pour les femmes, le contact visuel est la base. Le regard peut cependant aussi signifier que cette personne espère que vous n'allez pas vous rapprocher d'elle. En tant qu'homme, vous devez regarder s'il y a une autre partie du corps qui est tournée en votre direction. Si la femme est prête à tourner le haut de son corps, ses jambes, ou même sa tête et son cou en votre direction, ce sont des signaux subtils mais positifs qu'elle est très probablement ouverte au contact. Les femmes jouent souvent avec leurs cheveux ou leurs habits.

Tant que ces gestes sont faits de manière décontractée et relax, tous les signaux sont au vert.

Les hommes montrent leur intérêt d'une façon similaire. Mais au lieu de jouer avec les doigts, ils utilisent souvent des gestes qui ne sont pas très accueillants et ils marquent leur territoire grâce à cela.

CHAPITRE 6
QUELS SONT LES AVANTAGES SUPPLEMENTAIRES DE POUVOIR ANALYSER LE LANGAGE CORPOREL ?

Réagir de manière correcte avec autrui

Tout le monde n'a pas envie de communiquer lorsque ça ne va pas. Il est plus facile d'avoir un faux sourire que de faire savoir à tout le monde que vous êtes malheureux. Vous n'êtes pas très satisfait de la réaction. Un ami simule qu'il est de bonne humeur mais il a seulement envie qu'on le laisse seul.

Si vous voulez vraiment creuser profondément, faites attention aux micro-expressions. Bien que celles-ci soient à un niveau de lecture élevé, vous êtes des lecteurs ambitieux et vous devriez essayer d'observer cela de temps en temps

Les micros expressions sont des expressions du visage qui sont visibles de temps en temps pendant une fraction de seconde. Elles montrent pendant un court instant le "vrai visage" de la personne. L'ami qui prétend être d'excellente humeur, ne pourra pas maintenir ce masque sans avoir quelques moments où ce "vrai visage" sera visible.

Le fait que ces moments soient très courts est l'une des raisons pour lesquelles les micro-expressions sont si difficiles à lire. L'autre raison est que ces micros expressions ne couvrent pas l'ensemble du visage. En effet, seulement une petite partie sera importante. Il se peut que cela se voit seulement sur la bouche ou les sourcils. Il n'est vraiment pas facile de remarquer et d'interpréter ces moments.

Exercice numéro 3

Bien que vous ne deviendrez pas tous des experts dans ce domaine, les exercices qui permettent d'analyser les micros expressions vont vous permettre de développer votre intelligence émotionnelle et ils vous permettront d'analyser plus facilement les visages.

Sur internet, vous trouverez de nombreuses possibilités afin de jouer à cela. Dans ce jeu de "l'interprétation des visages", on vous montrera différentes images avec diverses expressions du visage et vous allez devoir deviner quelles sont les bonnes expressions. Même si vous êtes à l'aise avec la liste des diverses expressions faciales, vous allez vous rendre compte qu'il est très ardu de choisir la bonne en un laps de temps très court.

Essayez une fois. Tapez dans le moteur de recherche Google (ou celui de votre choix) "interpréter les émotions du visage". Sur la première page, vous devriez avoir plusieurs tests différents que vous pouvez faire. On peut aussi trouver cela sur diverses applications.

Cet exercice va vous aider à reconnaitre et cerner ces micros expressions

Langage corporel à l'étranger

Le langage corporel est très pratique quand on a aucun moyen de communication avec d'autres personnes. Cela arrive souvent en voyage, ou même dans votre propre pays si vous rencontrez quelqu'un qui ne parle pas votre langue. Dans ce cas de figure, on voit souvent les gens gesticuler et répéter quelques mots de manière très lente et très bruyante. Cela ne sert à rien car si l'on ne parle pas la langue, le changement de ton et de tempo ne servira à rien. Il vaut mieux concentrer son énergie sur le langage corporel.

Dans ces cas-là, vous allez vous rendre compte que vous faîtes rapidement beaucoup plus attention aux mimiques et à la position du corps de la personne lorsque vous ne comprenez pas un seul mot. Au lieu d'automatiquement vous concentrer sur ce qu'elle dit car vous ne comprenez rien, vous allez, grâce au langage corporel, comprendre les sentiments ainsi que les intentions de cette personne.

Attention: Ne pas s'arrêter sur quelques détails

Tout le monde connait les gestes. Ils doivent être compris partout dans le monde de la même manière comme nous les comprenons. Malheureusement ce n'est pas le cas.

Bien que le langage corporel soit international, vous ne devez pas compter sur tous les gestes que vous connaissez, spécialement pas quand vous êtes à l'étranger. Des gestes comme "le pouce en haut" ont un fondement culturel et ce ne sont pas des expressions que le corps possède, il faut les avoir apprises. Il peut arriver qu'un geste soit compris d'une certaine manière alors qu'on essayait de faire passer un autre message. C'est pourquoi vous ne devriez pas juger un mouvement de la main en votre direction et vous devriez aussi vous retenir de faire de tels gestes. Ce qui peut paraître comme un signe amical pour vous, pourrait être pris d'une manière négative par votre vis-à-vis.

Par exemple en Grèce, il se peut que quelqu'un ait la paume des mains en direction du sol et qu'il remue ses doigts et sa main. En Allemagne, cela serait perçu comme un ordre de partir ou alors que la personne veut que vous restiez à distance. Mais en Grèce, cela veut dire que la personne veut que vous vous rapprochiez.

Depuis Facebook et YouTube, le pouce levé est connu comme un signal positif. Dans plusieurs pays d'Afrique, il s'agit cependant toujours d'un geste qui exprime une insulte très obscène.

Le langage corporel est certes international, mais il y a de petites différences culturelles. C'est la même chose avec les langues. L'espagnol est une des langues les plus parlée du monde, et dans beaucoup de pays la langue principale. Cependant, il y a des mots qui sont parfois différents. Au Mexique, un mot aura une autre signification que par exemple en Equateur.

La personne qui voyage à l'étranger ferait donc bien de regarder les "règles de conduite" du pays avant de partir afin d'éviter de faire de mauvais ou d'incompréhensibles gestes.

CHAPITRE 7
LE LANGAGE CORPOREL CONSCIENT ET INCONSCIENT

Une grande partie de ce que l'on exprime, à part avec les mots, on ne s'en rend pas compte. Ou peut-être seulement une petite partie. Vous remarquerez peut-être que vous balancez votre pied mais qu'en est-il du reste de votre corps.

Un des meilleurs exemples de la communication non verbale inconsciente est la conversation par téléphone. Vous avez normalement déjà entendu quelqu'un avoir une discussion par téléphone. Vous ne pouvez pas voir l'autre personne. Cependant, les gens gesticulent lors d'un appel, même si cela ne renforce et n'accentue pas les mots. Il se peut que la personne qui parle ne réalise même pas qu'elle fasse cela. Le corps aime aussi prendre part à la discussion et parler à sa manière.

En ce qui concerne le langage corporel, ce dernier est toujours actif. En effet, même si on a l'impression que rien ne bouge, il y a toujours quelque chose à lire dans les mimiques que la personne concernée ne remarque probablement pas.

Le problème, si on veut l'appeler ainsi, est que chaque action, même celles que l'on n'effectue pas de manière consciente, peut engendrer une réaction contraire. Comme déjà évoqué, le langage corporel n'est pas toujours si évident et on ne devrait pas l'évaluer complètement seulement grâce à quelques détails. Ce qui est stupide, c'est que tout le monde n'en est pas conscient. Il se peut qu'une mauvaise traduction des signaux laisse une impression tout autre que celle voulue. Le collègue qui voulait seulement vous demander de l'aide, n'osera pas vous déranger. Les sourcils légèrement plissés que vous avez lui paraisse très sérieux. Vous êtes probablement de mauvaise humeur et vous ne vous n'aimeriez mieux pas être dérangé. Vous étiez en fait absorbé par le paragraphe que vous étiez en train de lire. Si votre collègue vous avait observé un peu plus longtemps, il aurait sûrement remarqué la posture décontractée de vos bras ainsi que votre manière détendue d'être assis. Si il avait analysé l'entier de votre corps, il aurait probablement remarqué que l'expression de vos sourcils n'étaient pas négatives et aurait peut-être posé sa question.

Exercice numéro 4

Cet exercice est similaire à l'exercice numéro 2. Par contre pour le numéro 4, on se concentrera uniquement sur le visage et on ne regardera rien d'autre.

Regardez-vous d'une manière spontanée dans le miroir. Quelle est l'expression de votre visage en ce moment même ? Exactement celle que vous attendiez ? Ou vous avez trouvé quelques détails surprenants ?

Saviez-vous déjà que vous avez un petit trait entre les sourcils ? Non ? Pourtant vous n'êtes pas fâché du tout, bien que ce froncement pourrait l'indiquer. Peut-être que vous venez de lire quelque chose en étant très concentré. Que liriez-vous spontanément dans votre visage ?

Afin d'avoir une autre opinion, vous pouvez également demander à votre partenaire ou à un ami de vous regarder de temps en temps et de lire votre visage.

CHAPITRE 8
A QUOI RESSEMBLE LA COMMUNICATION NON VERBALE DES DIFFERENTS TYPES DE GENS

On dit qu'il ne faut pas seulement juger l''apparence. Bien que cela soit un joli principe, il est possible de se faire rapidement une image de quelqu'un grâce au langage corporel, sans avoir besoin de mieux connaître cette personne. Il est acceptable de faire ça car le langage du corps reflète l'intérieur d'une personne. Il est facile de reconnaître, analyser et lire rapidement les gens qui ont des attributs saillants. Cela va vous aider à faire face aux différents types de personnes.

Les personnes timides qui n'ont pas beaucoup de confiance en eux

Le hochement de tête est un geste que les gens qui n'ont pas confiance en eux font souvent. Celui qui n'est pas sûr de lui a tendance à éviter la discussion et à confirmer les opinions de ceux qui s'expriment. Les yeux des personnes timides nous donnent beaucoup d'informations car ils ne les montrent pas souvent. Un contact visuel direct et soutenu ne leur est pas agréable. C'est pourquoi ils ne cessent de baisser les yeux ou alors de regarder dans le vide. Malheureusement, cela laisse souvent une impression de quelqu'un qui est impoli et pas concentré, comme si cela ne vous intéressait pas beaucoup ce que l'autre personne a à raconter, même si ce n'est pas le cas. Avoir les bras croisés ou les coller le long du corps est un signe classique de timidité.

Les personnes dominantes

Les personnes qui ont des qualités de leader, on les reconnait de loin. Ils marchent d'une manière déterminée et ambitieuse. Leur regard est posé sur ce qu'ils veulent. Quand ils vous serrent la main, cela est d'une manière sûre et ferme. Afin de résumer, ces personnes ont le mot "confiance en soi" tatoué sur le front. Ce n'est pas une surprise que les personnes moins sûres d'elles se soumettent avant même qu'elles aient parlé ensemble. Lors d'une discussion, les personnes dominantes n'ont pas de problème à garder le contact visuel. Ils ont aussi le menton haut lorsqu'ils parlent. Si vous pensez directement à une grande personne, c'est car ces derniers, grâce à cette dominance, apparaissent grands et forts. Ça n'a aucun rapport avec la taille. Il se peut que quelqu'un qui utilise ce type de langage corporel fasse une tête de moins que vous mais cette personne ne se laisse pas impressionner par cela.

Les personnes introverties.

De prime abord, les personnes introverties peuvent passer pour des gens timides qui ont un type de comportement similaire que les gens que l'on a décrit dans le point 1. Il ne faut cependant pas confondre les deux. Introverti n'est pas automatiquement associé à timide. Quelqu'un peut avoir une grande confiance en soi, sans avoir besoin de le partager en permanence avec tout le monde. Les gens introvertis sont discrets et essaient de ne pas se faire remarquer. Ils parlent seulement directement avec une personne et sans grands gestes. Cela ne les intéresse pas d'être le centre d'attention. C'est pour cette raison qu'ils se sentent bien lorsqu'ils sont seuls. Le sentiment d'insécurité ainsi que celui de nervosité sont donc supprimés. Les personnes introverties ne parlent peut-être pas beaucoup mais ils ont une façon calme et claire de s'exprimer.

Les personnes extraverties.

Tout comme pour les personnes dominantes, les personnes extraverties se remarquent directement. Leur posture est toujours ouverte. Ils n'ont pas de problème à s'approcher des gens et se pencher en leur direction, ce qui est un signe clair de confiance. Leurs mots sont souvent accompagnés par des gestes appropriés. Ce sont des gens de compagnie agréables, ils ont un rayonnement positif et l'on se sent bien à leur côté. Tout le monde ne sait pas évaluer correctement ce type de langage corporel, spécialement les personnes introverties. Ces dernières ont rapidement le sentiment que les gens extravertis s'approchent trop près d'eux. Ils parlent beaucoup et de manière rapide ce qui n'est pas forcément agréable pour tout le monde. Ils sont spontanés, enthousiastes et aiment être le centre d'attention.

„Les personnes soupe au lait“

Les gens avec beaucoup de tempérament perdent vite patience. Cela est véhiculé par leur posture tendue. Un de leurs signes est le poing fermé. Ils gesticulent beaucoup et de manière rigide. La mâchoire est toujours en activité, même lorsque ils ne parlent pas. Elle est si tendue que l'on peut facilement observer le mouvement des muscles des joues. Ces gens parlent rapidement très fort mais les mots qu'ils prononcent sortent de manière hachée.

Le fait de connaître le type de personnes que vous avez en face de vous va vous aider à réagir de manière appropriée et répondre avec votre propre langage corporel.

CHAPITRE 9
LES DIFFERENCES DU LANGAGE CORPOREL ENTRE HOMMES ET FEMMES

Spécialement en manière de communication non-verbale, il y a plusieurs fines différences d'expression entre hommes et femmes qu'il vous faut connaître.

Le sourire

Les femmes sourient normalement plus que les hommes. On remarque aussi généralement plus d'activité sur un visage féminin que masculin. Cela est lié avec le comportement émotionnel des femmes.

Prendre de la place

Les hommes prennent plus de place avec leurs corps que les femmes. Une posture typique pour les hommes est d'avoir les jambes écartées, qu'ils soient assis ou debout. Les femmes sont généralement plus petites. La taille est souvent associée à la puissance. Même si de nos jours, les rôles de genre sont partagés différemment, l'idée demeure que l'homme est la personne "forte" et que les femmes jouent un rôle plus faible et qu'elles doivent être protégées.

Le toucher

Lorsqu'un homme touche une femme, il a souvent l'intention de flirter ou il a une idée romantique derrière la tête. Les hommes ne touchent pas souvent les autres hommes. Pour les femmes, les raisons sont beaucoup plus diverses. On observe donc beaucoup plus de contacts physiques chez les femmes. La plupart du temps, le message qui se cache derrière cela est juste amical. Et pour terminer, les femmes se saluent ou se disent au revoir très souvent avec une accolade ou un bisou sur la joue.

Le contact visuel

Ici aussi, les femmes sont plus émotionnelles. Pendant une conversation, elles regardent plus souvent la personne dans les yeux et pendant plus longtemps. On retrouve souvent ces différences lors de la communication non-verbale mais ce n'est pas non plus une vérité absolue. Le fait de "se faire apparaitre plus petit" provient souvent d'une éducation conservatrice. On entend souvent que les femmes devraient s'asseoir de manière bien droite et les jambes serrées. Certaines femmes se font plus petites qu'elles auraient besoin à cause de ces règles de conduite. Cependant une femme dominante prendra autant d'espace qu'un homme dominant. La personnalité d'une personne compte plus que son sexe.

Les hommes et les femmes n'ont pas seulement des différences lors de l'expression du langage corporel mais aussi lors de l'analyse d'autrui. Généralement, les femmes ont plus de capacité à analyser le langage du corps, ce qui est expliqué par le fait qu'elles cherchent des indices et des marques de manière inconsciente. Les hommes ne devraient cependant pas se laisser abattre. Cela signifie seulement qu'ils vont devoir s'entrainer un peu plus.

Spécialement lorsqu'ils flirtent, ces deux mondes s'heurtent l'un à l'autre. Dans les livres ou films, les producteurs aiment bien plaisanter sur comment les femmes analysent le ton des hommes afin d'obtenir un maximum d'informations de leurs conversations. De l'autre côté, les hommes écoutent ce que disent les femmes sans vraiment observer la gestuelle ou sans se concentrer particulièrement sur le ton de voix utilisé.

Une des raisons qui explique pourquoi les femmes font plus attention à la communication non verbale est dûe à leur rôle de mère. Un bébé ne peut s'exprimer verbalement qu'avec quelques bruits. Durant les premières semaines et mois, une maman doit souvent chercher à savoir ce que le bébé veut, à voir de quelle humeur il est ou encore ce que ces expressions signifient. C'est comme cela qu'elles développent une attention particulière aux détails. Tout cela est beaucoup plus compliqué pour les pères.

CHAPITRE 10
QUI A APPRIS A UTILISER LE LANGAGE CORPOREL

Certaines personnes utilisent consciemment ce langage corporel au quotidien car ils l'ont étudié. Ils travaillent dans divers domaines dans lesquels cela fait partie de la vie de tous les jours. Le langage corporel sera utilisé d'une manière tellement professionnel, presque comme un jeu d'acteur, que seulement un agent du FBI pourrait deviner les intentions de ces gens, grâce à quelques petits détails.

Cela est bien sûr utilisé par les acteurs et surtout les politiciens. Ils sont tous en confiance lors qu'ils doivent parler, donner des interviews ou lorsqu'ils sont sur la devant de la scène. Le fait de gesticuler de manière intense et un peu sauvage fait aussi parti de leur style. Tout ceci semble convaincant mais tout est appris. Les politiciens et les candidats les plus prometteurs ont des managers et des entraineurs qui s'occupent de tout ce qui attrait à leur langage du corps. Tout ce que vous voyez de leur part, est normalement appris. Pas surprenant que la politique soit un domaine si opaque. C'est similaire avec les personnes qui veulent vous vendre une voiture déjà usée ou ceux qui sonnent à votre porte afin de vendre des abonnements pour des journaux. Un vendeur veut vous convaincre et vous faire sentir bien, bref vous séduire. Même si vous savez qu'il essaie de faire cela, vous ne remarquez pas toujours les petits gestes ou les détails de son langage corporel. "Sales Coaching" est un mot que l'on trouve souvent sur internet, ils vous apprennent beaucoup de choses, notamment comment vendre vos produits. Il n'y a rien de mal à cela, tant que vous ne mentez pas. Une personne qui veut vous vendre quelque chose de cher aura reçu un entrainement pour cela. Elle ne vous montrera pas son vrai coté. Il vous faut regarder d'une manière approfondie sa façon de se comporter et faire attention à ses signaux. Il y'a assurément quelque chose à découvrir et apprendre.

CHAPITRE 11
RECONNAITRE LES MENTEURS ET LES ACTEURS

On sait ou tout du moins on s'attend à ce que les politiciens ou les vendeurs aient appris des techniques ou des gestes par cœur. On rencontre souvent dans notre vie de tous les jours, des gens qui ne sont pas aussi sincères avec vous qu'ils en ont l'air.

Nous avons tous déjà menti jusqu'à un certain point et il est acceptable d'avoir de temps en temps une excuse afin de ne pas faire quelque chose. Dans certaines situations il est bon de démasquer le menteur. La manière la plus rapide pour cela, est de se concentrer sur son langage corporel. Cela peut vous éviter de devenir une victime d'un menteur ou que d'une personne qui cherche des excuses lorsqu'il vous parle.

Il y a plusieurs types de mensonge. Les excuses, les pieux mensonges, l'hypocrisie, les gens qui se vantent de choses qui ne sont pas vraies ou simplement les personnes qui ne disent pas la vérité. Nous mentons tous de temps à autre mais nous n'avons pas à subir le fait que les gens nous mentent si l'on arrive à voir la vérité grâce au langage corporel.

Les menteurs inexpérimentés n'arrivent pas à regarder les gens dans les yeux très longtemps lors d'une conversation. Ceux qui ont vu le film "le négociateur" connaissent la théorie du regard. On peut être informé du fait qu'une personne mente ou dise la vérité grâce à la direction où elle regarde. Si les yeux vont vers la gauche, cela signifie que la personne invente quelque chose. Les yeux se dirigent vers la droite lorsque l'on a des souvenirs, ce qui indique que la personne ne ment pas. Il y a une part de vrai dans cette théorie mais elle est tout de même critiquée.

Vous ne devez pas baser vos conclusions sur la direction du regard car le mouvement de l'iris se remarque aussi chez les personnes timides.

On reconnaît facilement un sourire sincère. Il n'y a pas que la bouche qui se dirige vers le haut. Les yeux rient aussi, ils se plissent un peu et un visage qui rigole rayonne et donne un air positif au visage. Un faux sourire se caractérise par le fait que seulement le coin des lèvres se dirige vers le haut. Les yeux et le visage ne bougent pas.

Plus quelqu'un est entrainé à mentir, moins il fera de fautes inconscientes car il est un menteur expérimenté et il sait ce qui est important dans cette situation. Mais même les gens qui sont habitués à être devant les caméras ou devant une forte audience et qui mentent peuvent faire des fautes.

Un des meilleurs exemples est l'histoire de l'aventure extra conjugale de Bill Clinton. Il a dit à maintes reprises n'avoir rien fait avec sa stagiaire Monica Lewinsky. Il avait l'air honnête et convaincant. Les experts ont vite remarqué que Bill Clinton se touchait souvent le nez bien que cela ne durait seulement qu'une fraction de seconde. "Celui qui ment a le nez qui s'allonge". Cette expression n'est pas totalement fausse.

On n'appelle pas cela "l'effet Pinocchio" pour rien.

Les mensonges font monter la pression sanguine. C'est pour cela que le nez gonfle un peu. Ce n'est pas visible à l'œil nu, mais cela fait que les nerfs du nez se mettent à gratter. Le nez chauffe et démange un peu. C'est pour cela que les gens qui mentent se grattent le nez.

Cependant le langage corporel n'est pas une preuve devant un juge. Un aveu ou une preuve solide sont nécessaires. Mais dans l'exemple de Bill Clinton, son comportement a permis aux interrogateurs de ne pas lâcher l'affaire.

Si vous êtes une fois confronté à un menteur, il sera de moins en moins sûr de lui s'il s'aperçoit que vous ne rentrez pas dans son jeu.

Exercice numéro 5

Choisissez un ami et jouez à un jeu. Vous vous racontez de courtes histoires ou des incidents. Certaines d'entre elles sont vraies, d'autres ne se sont jamais passées. Observez-vous bien et analysez plus tard combien de fois vous aviez raison et combien de fois vous aviez tort lorsque vous avez essayé de trouver les vraies ou fausses histoires. Il est clair qu'au début, chacun de vous va faire attention à ne pas donner d'informations avec ses propres gestes ou mimiques. (Vous pouvez boire un verre lors de cet exercice afin d'être de bonne humeur)

De cette manière, vous n'allez pas seulement apprendre à démasquer les mensonges de l'autre personne, mais aussi à savoir ce que vous faîtes lorsque vous mentez.

CHAPITRE 12
COMMENT OBSERVER SON PROPRE LANGAGE CORPOREL ET L'UTILISER DE MANIERE POSITIVE

Nous avons appris beaucoup de choses sur le fait d'observer et d'analyser les expressions d'autrui. Mais comment cela se passe-t-il avec vous-même ? De combien de choses que vous transmettez inconsciemment vous rendez vous compte ? Que pouvez-vous améliorer ? Et comment pouvez-vous utiliser le langage corporel afin de laisse une bonne impression ?

Utiliser le langage corporel de manière consciente

Dans beaucoup de cas, vous allez vouloir utiliser le langage du corps conscient à des fins positives. Votre vis-à-vis doit se sentir bien. Peut-être voulez-vous obtenir quelque chose de sa part ou cela peut aussi ne pas avoir de raison. Vous avez envie de laisser une bonne impression sans avoir besoin de dire grand-chose. Un langage corporel confortable vous fait passer pour quelqu'un de souverain et qui a confiance en soi. Cela donne aussi un sentiment de bien-être aux gens qui sont proches de vous.

Une des méthodes que vous avez afin que la personne en face de vous vous apprécie sans avoir besoin recours à la communication verbale, s'appelle "la technique du miroir". Cette méthode fonctionne aussi même lorsque la personne vous envoie des signaux négatifs.

Imaginez-vous une discussion avec un collègue. Ses mains et ses bras sont pressés contre le corps, en position défensive. Ne perdez pas vos moyens à cause de cela, adoptez une posture similaire, simplement un peu moins crispé et souriez. C'est maintenant que l'imitation entre en jeu. Mais s'il vous plait, soyez subtil et laissez des intervalles. Une imitation pure et dure va se faire très rapidement remarquer.

Si l'autre personne croise les jambes, faites-le aussi mais un peu plus tard. S'il pose ses mains quelque part, posez-les aussi. Restez calme et amical mais adaptez-vous au ton de votre vis-à-vis.

À travers ces signaux, vous transmettez un message harmonieux et vous êtes en symétrie avec la personne. Cela fait qu'elle va vous faire confiance et se sent bien en votre présence. C'est un moyen de se débarrasser des tensions négatives.

Faire face à l'agressivité

Essayez cela si vous faîtes face à quelqu'un qui est très énervé. Posez vos mains sur le haut de votre bassin et effectuez un léger mouvement avec les mains à plat vers le bas. Bien sûr, faites cela un peu sur le côté et discrètement. Ce geste transmet un message apaisant, type "calme toi". Cela apaisera la personne sans avoir besoin de lui dire de se calmer.

Si quelqu'un fait preuve d'animosité envers-vous, il est très difficile de rester détendu. Même si c'est compliqué, il faut essayer. Il faut que vous donniez un signal positif. Restez calme et essayez de garder un ton amical. Ne soyez pas trop avide et amical non plus. La réaction parfaite de communication non verbale est de donner une image de soi calme et confiante. Ne réagissez pas de manière agacée, cela ne fera que grimper le niveau d'inconfort de l'autre personne. Si vous n'effectuez pas une réaction "miroir" de l'agression, l'autre personne se calmera au bout d'un moment. Ne vous laissez pas contaminer par les signaux négatifs d'autrui.

Durant une présentation

Quelques gestes et un peu de langage corporel conscient peuvent convaincre votre vis-à-vis. Non, vous ne devez pas devenir un politicien ou un vendeur et apprendre votre présentation par cœur.

Le prérequis afin de convaincre lors d'une présentation ou lors d'un dialogue de groupe et de maitriser à 100% son sujet. Si cela vous rend tout de même nerveux de parler devant d'autres gens, essayez de laisser parler votre corps – pas pour les émotions négatives mais pour le sujet que vous présentez. Rappelez-vous l'enthousiasme que vous avez pour ce thème.

Vous ne devez pas seulement présenter le sujet avec des mots à vos collègues et votre boss. Si il y'a une partie qui est très importante à vos yeux, il faut la montrer. Un index levé renforcera par exemple l'importance d'une phrase. Gardez un contact visuel permanent. Vous voulez que les gens fassent attention à ce que racontez. Pas besoin de faire un show, mais ne laissez pas vos bras de coté. Vos bras veulent probablement parler avec vous et vous devriez les laisser faire.

Comme auditeur

Écouter est astreignant, spécialement quand il y'a seulement une ou deux personnes en face de nous. On est directement en ligne de mire et on doit rester calme pendant un long moment. Il n'est pas rare que le corps soit mal à l'aise dans ce genre de cas. Le contact visuel permanent vous rend mal à l'aise et vous cherchez en permanence à fixer un point plutôt que les gens en face de vous. Vous écoutez toujours ce que la personne dit mais cela ne donne pas une impression agréable à votre interlocuteur. Vos doigts jouent ensemble ou se nouent. Vous vous grattez la tête, vous regardez quelqu'un d'autre ou votre regard est fixé sur la carte du restaurant. Ces actions inconscientes font que l'autre personne sera irrité par votre comportement. Il pourrait croire que vous n'aimez pas ce qu'il raconte ou que vous ne voulez pas écouter.

Vous n'avez pas besoin de regarder les autres personnes dans les yeux en permanence. Généralement, on dit qu'un contact visuel est agréable pendant environ 3,5 secondes. Il faut que vous restiez dans le champ visuel de la personne mais il ne faut pas la fixer en permanence. Il faut que cela soit clair que vous n'allez pas faire grand-chose lors de la présentation. Mettez-vous à l'aise, adoptez une bonne position et acquiescez avec les autres personnes. Ils se rendront compte que vous écoutez.

Il n'y aucune raison de vouloir garder son visage sous contrôle constamment. Comme déjà dit, certaines émotions ne peuvent pas être contenues. Vous pouvez réagir de manière honnête et non-verbale sur ce qui vient d'être dit.

Exercice numéro 6

Comment apparait votre communication verbale dans différentes situations ? Pensez au fait que votre corps adore parler de manière inconsciente. Peut-être connaissez-vous vos gestes et votre comportement mais il y'a surement plein de mimiques, poses et mouvements dont vous ne vous rendez pas compte. C'est pourquoi vous allez devoir vous observer vous-même. Cet exercice va vous faire sortir de votre zone de confort mais cela sera excitant.

Pour votre prochaine conversation, utilisez la caméra de votre téléphone. (Une situation avec des gens que vous ne connaissez pas très bien serait le meilleur exercice possible mais tout le monde n'a pas le courage de faire cette expérience sociale). Vous pouvez faire cela lors d'un diner ou d'une réunion avec des amis. Placez la caméra d'une manière à ce que la lentille vous ait dans son champ de vision. Essayez ensuite d'oublier la présence de la caméra. Au début, cela va être difficile mais au bout d'un moment vous allez oublier la présence de l'appareil. Ayez une conversation normale, comme d'habitude.

Après la conversation, regardez (seul ou avec les participants à la discussion) l'enregistrement. De cette manière, vous pourrez analyser de manière formidable votre langage corporel. Vous allez remarquer, comment vous réagissez de manière totalement inattendue avec des mimiques ou des mouvements. Tout avoir sous contrôle, jouer la comédie ou vouloir donner une impression différente de vous-même est épuisant. Celui qui veut manipuler son langage corporel a beaucoup de travail devant lui.

Exercice numéro 7

Il ne suffit pas d'adopter des poses. Comme lorsque l'on a discuté du point "reconnaître un menteur", on remarquera tôt ou tard si quelqu'un dit quelque chose de totalement contraire à ce que son langage corporel dit. Maitriser son langage du corps ne veut pas dire jouer la comédie en permanence ou se faire passer pour quelqu'un d'autre.

Si vous êtes de ceux qui se passent la main dans les cheveux, qui jouent avec leurs habits ou encore qui tapotent avec leurs doigts lorsqu'ils sont nerveux, vous allez dorénavant grâce ce livre vous en rendre compte. Lorsque vous réalisez cela, il est possible que vous vous sentiez encore plus mal à l'aise. Il ne faut pas. Quand vous remarquez ces insécurités, respirez un bon coup, et rendez-vous compte qu'une bonne partie de ce stress provient de l'excitation que vous venez de réaliser. La nervosité n'améliore jamais rien. Vous allez soi déconcerter votre interlocuteur ou alors lui donner raison (par exemple quand votre patron vous critique). Après avoir respiré un bon coup, adoptez une position calme et qui montre votre confiance en vous. Mettez vos mains sur le côté (vous pouvez aussi faire une action très courte, comme par exemple prendre un verre d'eau.)

Vous connaissez sûrement la situation durant laquelle vous souriez et cela est contagieux et après quelques minutes vous vous sentez mieux. Cela peut aussi se faire si vous décidez de transformer votre langage corporel de manière à donner une impression de confiance en vous et de concentration. Votre propre langage corporel peut donc vous convaincre.

CHAPITRE 13
DERNIER POINT, MAIS NON DES MOINDRES

Tout comme lorsque l'on apprend une autre langue, il faut faire pareil avec le langage du corps. S'entrainer, s'entrainer et s'entrainer. Dans cet ouvrage, vous avez reçu beaucoup d'informations, vous connaissez dorénavant les signaux courants et inconscients et vous êtes plus à même de comprendre votre propre langage corporel. Cela doit maintenant être incorporé dans votre corps afin de la maitriser entièrement.

La personne avec qui vous parlez ne sait normalement pas que vous l'avez analysé. Il ne faut cependant pas que vous ayez l'air d'avoir cherché des signaux chez cette personne de la tête aux pieds. Ne faites pas des autres votre objet expérimental, personne n'aime être fixé du regard.

Celui qui se consacre à ce thème de manière intensive, va apprendre beaucoup sur lui-même. Comme les petites choses peuvent spécialement donner une impression générale, vous êtes aussi souvent analysé. Avec le temps, vous apprendrez à laisser une impression positive sans avoir besoin de parler. Et aussi pourquoi vous serez compris d'une manière différente que vous le ressentez. Le fait de travailler sa communication non-verbale n'a rien à voir avec le fait de faire semblant. Vous devez vous libérer de ces sentiments négatifs qui sont très probablement superflus dans ces moments. Votre corps montre aussi cela au monde extérieur.

Pour finir, une analyse du langage corporel devrait principalement vous aider à aller en direction de quelqu'un au lieu de faire un jugement rapide. Derrière l'attitude distante, peut se cacher une personne sympathique qui doit d'abord se sentir à l'aise. Comprendre parfaitement une personne va vous permettre de faire preuve d'empathie, d'adopter la bonne posture et d'essayer d'en tirer quelque chose de positif.

Vous pouvez dorénavant commencer à appliquer ce que vous avez appris. Ne vous laissez pas abattre par les erreurs, elles font parties du jeu. N'attendez pas non plus que cela soit si facile d'analyser tout le monde, certaines personnes sont plus compliquées que d'autres. Avec le temps, vous allez développer un plus grand sens de la finesse, et analyser l'entier d'une personne rapidement afin de savoir tout de suite à qui vous avez à faire.

Je vous souhaite beaucoup de succès dans l'apprentissage et la pratique de cette langue, qui peut révéler beaucoup plus de choses que notre langue maternelle.

CHAPITRE 14
REMERCIEMENT

Pour terminer, j'aimerais vous remercier du fond du cœur de m'avoir fait confiance, d'avoir cru en moi, en mon travail, en mes expériences et d'avoir acheté cet ouvrage. J'ai acquis tout ce savoir à travers les années et j'essaie de le transmettre d'une manière claire et que l'on peut mettre en pratique, tout cela afin de vous soutenir lors de votre parcours.

J'espère que vous avez pu apprendre beaucoup de choses grâce à ce court ouvrage. Que vous pourrez utiliser le contenu ainsi que les conseils de ce livre afin d'effectuer des changements positifs. Une revue sur Amazon me ferait très plaisir.

Je vous souhaite tout le meilleur pour votre avenir et je serais heureux si je peux vous soutenir avec mes expériences et mes conseils.

DROIX LEGAUX

DiGi Generation
Rodensteinstr. 22
64625 Bensheim
Allemagne

Représentants légaux: Dr. Özgür Dagdelen, Torben Gebbert
Courrier électronique: hallo@digigeneration.de

Le contenu de ce livre a été étudié sur la base de sources reconnues et vérifié avec beaucoup de soin.

Néanmoins, DiGi Generation GbR n'assume aucune responsabilité pour l'actualité, l'exactitude et l'exhaustivité des informations fournies. Les prétentions en responsabilité contre l'auteur, qui concernent des dommages de nature physique, morale ou matérielle causés par l'utilisation ou la non-utilisation des informations fournies ou par l'utilisation d'informations incorrectes et incomplètes, sont exclues.

Ce livre ne remplace pas les conseils et le soutien médicaux et professionnels.

Printed by Amazon Italia Logistica S.r.l.
Torrazza Piemonte (TO), Italy

14002858R00053